LA BOCA

EL CUERPO HUMANO

Robert James

Versión en español de Aída E. Marcuse

The Rourke Press, Inc.
Vero Beach, Florida 32964

FOTOGRAFÍAS:
Todas las fotografías pertenecen a ©Kyle Carter, salvo la de la
cubierta, que es de ©Frank Balthis

Catalogado en la Biblioteca del Congreso bajo:

James, Robert, 1942-
   [La boca. Español]
   La boca / por Robert James; versión en español de
Aída E. Marcuse.
     p. cm. — (El cuerpo humano)
   Incluye índices.
   Resumen: Describe la anatomía de la boca humana, explica
qué cuidados hay que darle e incluye informaciones acerca de la
boca de algunos animales.
   ISBN 1-57103-112-X
   1. La boca—Anatomía—Literatura juvenil. [1. La boca. 2.
Materiales en idioma español.]
I. Título II. Series: James, Robert, 1942- El cuerpo humano
QM506.J3618 1995
611'.31—dc20   95–21134
                        CIP
                        AC

Impreso en Estados Unidos de América

ÍNDICE

LA BOCA

La boca es la puerta de entrada a tu estómago. En ella comienza el viaje de la comida por el cuerpo.

La boca no se limita a tomar la comida, sino que, al masticarla, la hace más fácil de digerir.

Aunque parece muy sencilla, la boca está hecha de muchas partes y tiene muchos usos.

Ayudada por una mano amiga, la comida comienza en la boca su viaje por el cuerpo

LOS LABIOS

Los labios están alrededor de la boca. No sólo nos sirven para silbar una canción, sino también para tomar la comida, beber y formar palabras.

Además, los labios forman un cierre apretado alrededor de la boca. Gracias a ellos, evitamos contar los secretos que nos fueron confiados, y que se nos caiga la baba. Con los labios apretados, podemos nadar bajo el agua sin tragarla.

Los labios bien entrenados le permite a este músico tocar la flauta

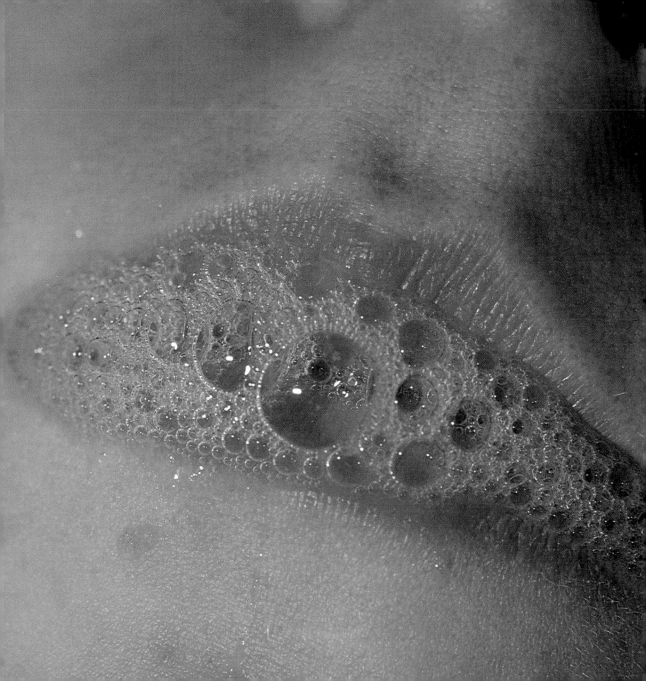

LA PARTE INTERNA DE LA BOCA

La parte interna de la boca tiene un "techo" duro y huesudo. Ese techo está entre la boca y los pasajes del aire de tu nariz.

En la boca también tienes la lengua, los dientes y las **glándulas salivales**.

Las glándulas salivales hacen la **saliva**. La saliva embebe los bocados de comida y los hace más fáciles de tragar.

Tu lengua dirige la saliva hacia la comida, hace que la comida se mueva de un lado a otro y te ayuda a articular las palabras.

La saliva se produce dentro de la boca, en las glándulas salivales

LOS DIENTES

Tienes una hilera de dientes en la mandíbula superior, y otra en la mandíbula inferior. Los adultos tienen, en total, treinta y dos dientes.

Tus dientes frontales están diseñados para cortar y despedazar la comida. Dos pares de esos dientes frontales son puntiagudos y afilados, como los de los perros y los gatos.

También tienes otros dientes, achatados, que te sirven para masticar. Son los **molares**, y se parecen a los dientes de atrás de las vacas y los caballos.

El hipopótamo puede meterse en la boca grandes cantidades de plantas acuáticas

La boca del caimán le sirve para agarrar y cortar la comida, pero no para masticar goma de mascar

DE LA BOCA AL ESTOMÁGO

Desde la boca, por donde entra al cuerpo, la comida hace un viaje, solamente de ida, hasta el estómago.

Los dientes mastican la comida y la mezclan con saliva. La saliva ayuda en el proceso de **digestión**. La digestión deshace la comida hasta convertirla en algo que tu cuerpo puede usar para crecer y tener energía.

Después que la tragas, la comida entra en un "caño", la faringe, y de allí pasa a otro, el **esófago**.

El esófago es el tubo principal entre la boca y el estómago. En un adulto, tiene unas nueve pulgadas (22.5 centímetros) de largo.

1. Labio
2. Pasaje del aire
3. Diente
4, 5, 6. Lengua
7. Tráquea y otros pasajes del air
8. Esófago

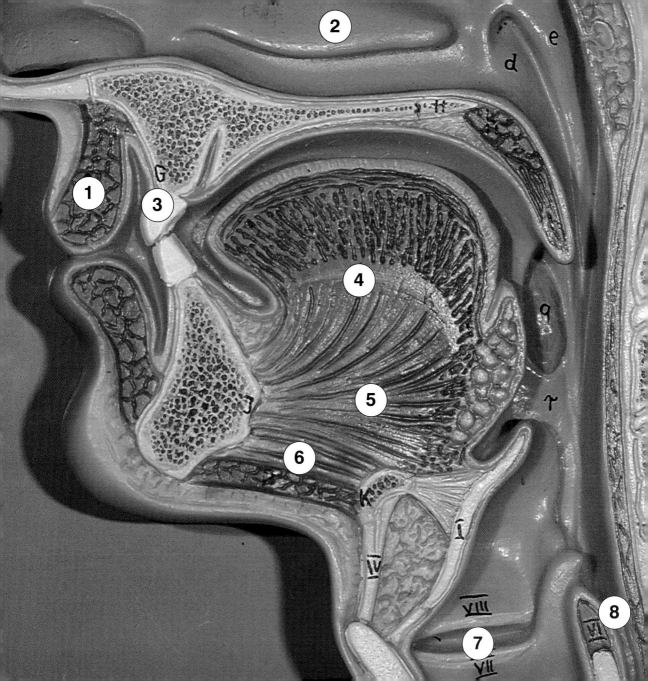

LAS FUNCIONES DE LA BOCA

Tu boca sigue siendo importante aún después que cenaste y te levantaste de la mesa. Te sirve para hablar, y a veces, también para respirar.

Tu boca en realidad no hace los sonidos de las palabras, pero les da su forma. Los sonidos provienen de un órgano que tienes en la garganta, llamado **laringe**.

A veces, tu boca tiene que hacer el trabajo de la nariz —es decir, respirar—, cuando ésta tiene bloqueados los pasajes del aire.

*El relator de un juego de béisbol describ
en palabras lo que está viendo, para el
público que lo escucha*

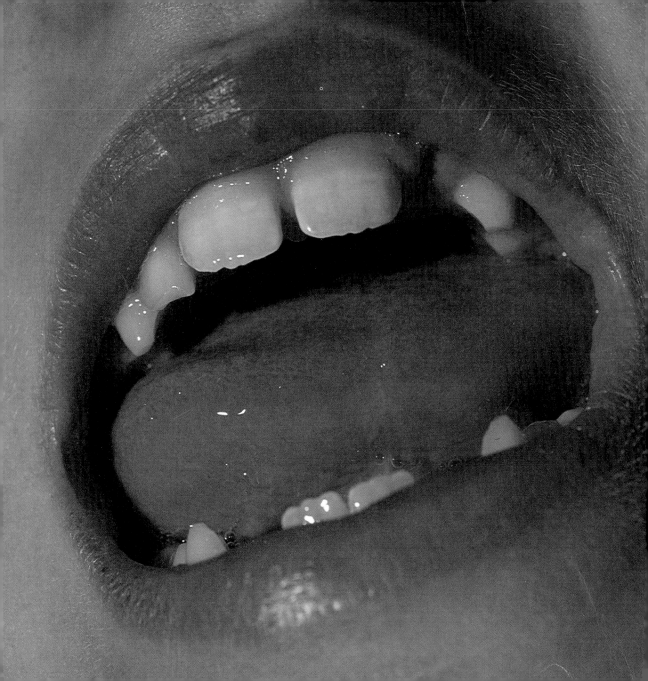

LA BOCA Y EL CEREBRO

Si te frotas un chile picante sobre la piel, lo sentirás con el sentido del tacto. Si lo frotas en tu lengua, lo sentirás con el sentido del tacto y el sentido del gusto.

Tu lengua está equipada con pequeños bultitos de piel sobre los que están las papilas gustativas. En ellas hay **nervios** que envían mensajes al cerebro.

El cerebro te cuenta qué estás saboreando, ¡sobre todo cuando se trata de un chile picante!

Los nervios que tiene la lengua en las papilas gustativas envían sabrosos mensajes al cerebro

19

EL CUIDADO DE LA BOCA

El calor húmedo y la oscuridad del interior de tu boca son un parque de diversiones para los gérmenes. Para evitar que se desarrollen, no te lleves las manos a la boca.

También puedes ayudar a mantener tu boca sana cuidando tus dientes y tus encías. Es aconsejable que te laves los dientes después de cada comida, y que vayas a ver al dentista con regularidad. Una dieta completa, baja en azúcar, también favorece la salud de los dientes y las encías.

El cuidado regular de los dientes ayu a mantener la boca en buena salu

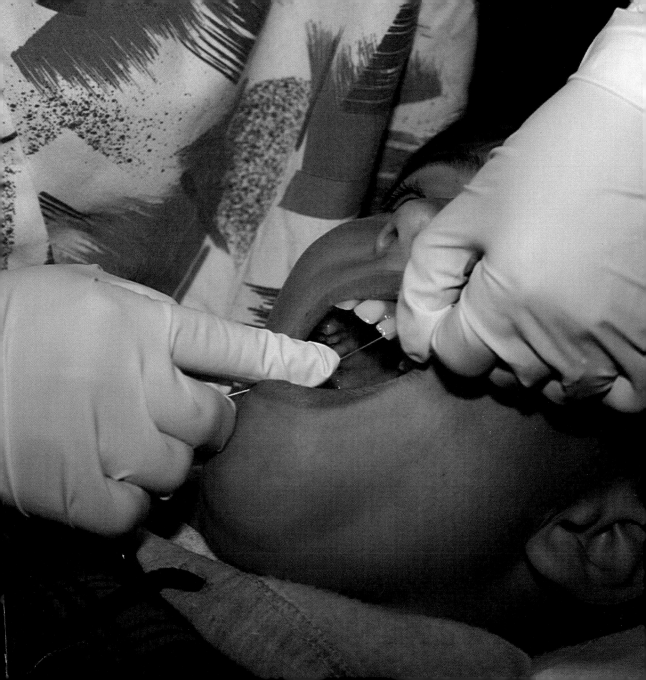

LA BOCA DE LOS ANIMALES

Tu boca es adecuada para la comida que comes. Los animales tienen bocas muy distintas de la nuestra, que fueron diseñadas para los alimentos que ellos comen.

Hay ballenas que tienen filtros en la boca, para atrapar los pequeños pedacitos de comida que encuentran en el océano. El hipopótamo tiene una boca enorme, que le permite triturar montones de plantas acuáticas, que son su alimento.

La boca del caimán no es apropiada para masticar. Ha sido diseñada para atrapar y desgarrar.

La forma de la boca de un animal nos dice mucho acerca de la clase de comida que come.

Glosario

digestión (di-ges-tión) — proceso que deshace la comida en partes, para que el cuerpo pueda utilizarla

esófago (e-só-fa-go) — tubo que va de la faringe, en la parte superior de la garganta, al estómago

laringe (la-rin-ge) — órgano en la garganta donde se producen los sonidos

molares (mo-la-res) — una especie de dientes achatados o redondeados, adecuados para triturar la comida

nervios (ner-vios) — especie de "antenas" sensibles del cuerpo que envían mensajes al cerebro

saliva (sa-li-va) — líquido viscoso que producen las glándulas salivales en la boca

salival (sa-li-val) — referente a la saliva, o a las glándulas que la producen

ÍNDICE ALFABÉTICO